Z
LU1

Versuri de Sânziana Batişte

THE STAR SIGN
OF THE WOLVES

Poems by Sânziana Batişte
Translated into English by
Diana-Viorela Burlacu

Sânziana Batiște

ZODIA LUPILOR

THE STAR SIGN OF THE WOLVES

Versuri / Poems
Translated into English by
Diana-Viorela Burlacu

eLiteratura

Această carte se publică în cadrul Proiectului eLiteratura, *în format electronic și tipărit.* This books has been published as part of the *eLiteratura* Project, in print and digital formats.

Coperta / *Cover design:* Leo Orman
Ilustrația copertei: *Lup urlând.*
Cover illustration: Howling Wolf.
Credit: Retron | http://en.wikipedia.org/wiki/File:Howlsnow.jpg

ISBN-13: 978-1522921363 (CreateSpace)
ISBN-10: 1522921362

Pentru mai multe informații privind această carte, scrieți la / For more
information about this book write to:
info@eLiteratura.com.ro; info@ePublishers.info.

www.eLiteratura.us
www.eLiteratura.com.ro
www.LibrariaCoresi.ro

Motto:

Mâna mea dreaptă se închide-n carte
şi-s toată aici
surâsul mi-e întreg –

De moartea mea nimic nu mă desparte

(Sânziana Batişte – *Surâsul)*

My right hand closes into the book
and I'm entire here
my smile is entire –

From my death nothing will ever
part me

(Sânziana Batişte – *Smile)*

Cine este autoarea acestei cărți?

Sânziana Batiște (pseudonimul Mariei-Felicia
    Moșneang) este prozatoare și poetă, membră a
    Uniunii Scriitorilor din România.
Volume:
    Zodia Lupilor, 1999;
    Miei de lumină, 1999;
    Doine și dore, 2001 (Ed. Clusium, Cluj-Napoca);
    Dulce Arizona, 2002 (Ed. Călăuza, Deva);
    Pășunile zeilor. Haiku. Les pâturages des dieux,
    2007;
    Odaie sub cer, 2007;
    Zodia Lupilor. Farkasok csillagjegye, traducere/
    forditó: Simone Györfi, 2011;
    Zodia Lupilor. The Star Sign of the Wolves,
    Traducere/Translated into English by: Diana-
    Viorela Burlacu, 2013 (Ed. Casa Cărții de
    Știință, Cluj-Napoca).
Prezentă în antologii și dicționare literare.

Informații despre viața și opera sa:
    monografia *Candoare și exil în poezia și proza
    Sânzianei Batiște*, de Ladislau Daradici, 2012,
    Ed. Casa Cărții de Știință, Cluj-Napoca.

Who is the Author of This Book?

SÂNZIANA BATIŞTE (pen name of Maria-Felicia
Moşneang, born in Brad, Hunedoara) is a poet
and writer. Member of the Writers' Union of
Romania.

Volumes:

The Star Sign of the Wolves, 1999;

Lambs of Light, 1999;

Doinas and doras, 2001 (Clusium Publishing
House, Cluj-Napoca);

Sweet Arizona, 2002 (Călăuza Publishing House,
Deva);

*Meadows of the Deities. Haiku. Les pâturages de
dieux,* 2007;

Beneath-the-Sky Room, 2007;

The Star Sign of the Wolves. Farkasok csillagjegye,
translated by/ fordító: Simone Györfi, 2011;

The Star Sign of the Wolves, translated into English
by: Diana-Viorela Burlacu, 2013 (Casa Cărţii de
Ştiinţă Publishing House, Cluj-Napoca).

Present in anthologies and literary dictionaries.

Information on life and work: the monograph
*Candour and exile in Sânziana Batişte's poetry
and prose,* by Ladislau Daradici, 2012, Casa
Cărţii de Ştiinţă Publishing House, Cluj-Napoca.

Cine este traducătoarea acestei cărți?

DIANA-VIORELA BURLACU (născută Ionescu, Brad, Hunedoara) este asistent universitar dr., Departamentul de Limbă, Cultură şi Civilizaţie Românească, Facultatea de Litere, UBB Cluj-Napoca. Masterat în Studii Culturale Britanice (2002), doctorat în Studii Lingvistice (2010), Bursieră Erasmus la Southern University Odense, Danemarca (1999-2000), bursieră UBB la Şcoala de vară Eberhard Karls Universität Tübingen, Germania (2009).

Volume: *A Pragmatic Approach to Pinteresque Drama*, 2011, Ed. Casa Cărţii de Ştiinţă, Cluj-Napoca,

Antonime. Sinonime. Analogii. Vocabular minimal al limbii române cu traducere în limba engleză (coautori: Gabriela Biriş şi Elisabeta Şoşa), 2011, Ed. Saeculum I. O., Bucureşti.

Antonime. Sinonime. Analogii. Vocabular minimal al limbii române cu traducere în limba engleză (coautori: Gabriela Biriş şi Elisabeta Şoşa), 2013, Ediţia a doua, Casa Cărţii de Ştiinţă, Cluj Napoca.

Autor şi coautor al unor studii de pragmatică, lexicologie şi semantică.

Traduceri: *Ideea de sport în sculptură. The Idea of Sports in Sculpture*, Dorin Almăşan (coautor: Adina-Laura Fodor), 2007, Ed. Grinta, Cluj-Napoca,

Zodia Lupilor. The Star Sign of the Wolves, Sânziana Batişte, 2013, Ed. Casa Cărţii de Ştiinţă, Cluj-Napoca.

Who is the Translator of This Book?

DIANA-VIORELA BURLACU (née Ionescu, in Brad, Hunedoara), Ph.D., is a teaching assistant within the Department of Romanian Language, Culture and Civilisation at the Faculty of Letters, Babeș-Bolyai University Cluj-Napoca. M.A. in British Cultural Studies (2002), Ph.D. in Linguistic Studies (2010). Erasmus-scholarship holder at Southern University Odense, Denmark (1999-2000), BBU-scholarship holder at Eberhard Karls Universität Tübingen, Germany (2009).

Volumes: *A Pragmatic Approach to Pinteresque Drama,* 2011, Casa Cărții de Știință Publishing House, Cluj-Napoca.

Antonyms, Synonyms, Analogies. Minimal Vocabulary of Romanian Language – with an English Translation (coauthors: Gabriela Biriș and Elisabeta Șoșa), 2011, Saeculum I. O. Publishing House, Bucharest.

Antonyms, Synonyms, Analogies. Minimal Vocabulary of Romanian Language – with an English Translation (co-authors: Gabriela Biriș and Elisabeta Șoșa), second edition, 2013, Casa Cărții de Știință Publishing House, Cluj-Napoca.

Author and coauthor of studies of pragmatics, lexicology and semantics.

Translations: *Ideea de sport în sculptură. The Idea of Sports in Sculpture,* Dorin Almășan (coauthor: Adina-Laura Fodor), 2007, Grinta Publishing House, Cluj-Napoca;

Zodia Lupilor. The Star Sign of the Wolves, 2013 (Casa Cărții de Știință Publishing House, Cluj-Napoca).

CUPRINS

6   Cine este autoarea acestei cărţi?

8   Cine este traducătoarea acestei cărţi?

16   Vamă

18   Cum mă striga

20   Eram un pom

22   Râsul de-nvingător

24   Ceas

26   Atâta fală

28   Le place fiara

30   Ei trec fãloşi

32   La Porţile Cuvântului

34   Căci mi-era dat

36   De la un timp

38   Nu sunt ţărâna

40   Ce fiară

42   Genune

44   E noapte

46   Întâi vine

48   Crist

50   *Au clair de la lune*

52   Sufletul meu

54   Ce răbdătoare

TABLE OF CONTENTS

7   Who is the Author of This Book?
9   Who is the Translator of This Book?
17   Borderland
19   How He Was Calling Me
21   I Was a Tree
23   The Laughter of the Winner
25   Time
27   So Much Pride
29   They Like the Beast
31   They Pass Conceitedly
33   At the Gates of the Word
35   Since I Was Bound
37   There Is a Time
39   I Am Not the Dust
41   What a Beast
43   Abyss
45   It Is Night
47   First Comes
49   Christ
51   *Au clair de la lune*
53   My Soul
55   How Patient

11

56   Pom împărat

58   Ochii

60   Dans

62   O lacrimă

64   Până la ceruri

66   Ci tu erai Fiara

68   Un coridor

70   Oh, ziceam

72   Treceam

74   O, vei muri

76   Alaiul culorilor

78   Noul Vavilon

80   Sunt singură

82   Prea târziu

84   Ascuns în poruncile

86   Greaţă mi-i

88   Niciodată

90   Autoportret

92   Viaţa mea, lacrima

94   Colţi de lup

96   Tangaj

98   Cheile

100   De unde

102   Mă-ntemeiez

104   Zodie

106   Asmuţite cuvinte

108   Deci sacrificiul

57   The Tree King
59   The Eyes
61   Dance
63   A Tear
65   Up to the Skies
67   Yet You Were the Beast
69   A Corridor
71   Oh, I Was Saying
73   I Was Wandering
75   Oh, You Will Die
77   The Suite of Colours
79   The New Babylon
81   I Am Alone
83   Too Late
85   Hidden Within Commandments
87   Nausea I Feel
89   Never
91   Self-Portrait
93   My Life, the Tear
95   Wolf Fangs
97   Surge
99   The Keys
101   Where From
103   I Form Myself
105   Star Sign
107   Set-on Words
109   Thus the Sacrifice

110   Bogatule

112   Panta rhei

114   M-ai dat

116   Harul

118   Orb

120   Cu stele

122   Naştere

124   Viaţa vieţii

126   Cât de aproape

128   Nu ne vedem

130   Vom sta alături

132   Ci numai

134   Implacabil fruct

136   Bogată sunt

138   Eram

140   Poate vă e dor

142   Punct de fugă

144   Ceea ce ştie

146   N.

148   Vom sătura

150   Surâsul

152   Încet creşte lumina

154   Sarea

156   Titlu: Cum mă joc c-un pui de lup
            Pe care pe bot îl pup

111   You Wealthy Man
113   Panta Rhei
115   You Have Cast Me
117   The Grace
119   Blind
121   With Stars
123   Birth
125   The Life of Life
127   How Close
129   We Do Not See Each Other
131   Side by Side Shall We Stay
133   But Only
135   Implacable Fruit
137   Rich I Am
139   We Were
141   You May Miss
143   Running Point
145   What It Knows
147   N.
149   Will We Ever Satiate
151   Smile
153   Slowly Grows the Light
155   Salt
157   Title: How I Play with a Wolf Cub
              That I Dearly Hug

Vamă

Pagină albă – vama mea de taină
singură mare care mă primeşti
    (oh, strop cu strop, dar iată
        mă primeşti)
la tine vin

Ceţoase umbre mă împresoară din nou
cu-atingeri reci
şi lucrurile lumii se-nfioară
şi scapătă cu încă o mărginire

Braţele străvezii-mi întind spre zare
ţinându-mi sufletul pe palme, sus
păşind încet
cu ochii orbi
spre-ascunsul murmur
senin
    egal
        fără apus

Borderland

Blank page – my secret borderland
sole sea you welcome me
        (oh, even drop by drop,
                you welcome me)
to you I come

Misty shadows shroud me again
their touch cold
and the things of the world shiver
and set down with one more lining

My translucent arms out towards the skyline
holding my soul on palms, up
slowly walking
with blind eyes
to the hidden murmur
serene
        even
                duskless

Cum mă striga

Cum mă striga bărbatul acela
azvârlindu-mi numele în văzduh
cântând
sau şuierându-mi-l
ca pe şerpi

Cum mă aştepta bărbatul acela
nemişcat în luminile mişcătoare-ale sorţii –
fântână lacomă
şi tandru labirint

Cum mă mângâia bărbatul acela
înotând în ochii mei
pierzându-mi-se în plete
şi modelându-mă cu certitudinea
văzătorului

Cum mă învia bărbatul acela
cum mă pierdea
aici – acum

Ca niciodată

How He Was Calling Me

How that man was calling me
throwing my name up in the sky
singing
or hissing it to me
as if to the serpents

How that man was waiting for me
standing still in the moving lights of the destiny –
voracious fountain
and tender labyrinth

How that man was caressing me
swimming in my eyes
coming adrift through my hair locks
and moulding me with the certainty
of the seer

How that man was resurrecting me
how he was losing me
here – now

Like never before

Eram un pom

Eram un pom îngândurat în rugăciune
eram şi floarea pomului
şi rodul

Mireasmă fără mire
şi norodul

Şi-n liniştea de început de lume
eu te ceream pe tine

Împărate

I Was a Tree

I was a thoughtful tree praying
I was the blossom of the tree as well
and the fruit

Unwedded scent
and the people

So in the silence of the world beginning
I was asking for you

King

Râsul de-nvingător

Iată – cu mână stângace
desenez iar pe viaţa-mi cuvinte

Ci vină privirea ta însă –
să citeşti sta-vom cuminte

Ci vină şi mâna ta ninsă
şi gura amară
şi plânsul
şi răsuflarea prelinsă prin aer

Şi râsul de-nvingător peste flamuri

The Laughter of the Winner

Look – with a clumsy hand
I draw again words on my life

Yet may your regard come –
to your reading we shall be obedient

Yet may your snowy hand come too
and the bitter mouth
and the crying
and the breath flowing through the air

And the laughter
of the winner over the flags

Ceas

Trosneşte focul – géruie în pace

Arama brăţării mele
alunecă încet şi se desface şerpeşte
străbătând hârtia

Iat-o acum în colţul ei retrasă
şi aşteptându-şi tainul de lapte –

Poezia

Time

The fire crackles – freezing silently

The copper of my bracelet
glides and uncoils snakelike
across the paper

Look at it now isolated in its corner
waiting for its share of milk –

Poetry

Atâta fală

Atâta fală despletită –
baloane multicolore
panglici
şi tobe
şi trâmbiţi

O-lé!

Unde să mă ascund cu umilinţa-mi
unde – bob de piper al tristeţii

Scoica tăcerii spartă e

Mă rostogolesc printre pietre
în urechea nepăsătoare
a universului

So Much Pride

So much pride falling loose –
multicoloured balloons
ribbons
and drums
and trumpets

O-lé!

Where should I hide with my humbleness
where – a pepper grain of sadness

The shell of silence is broken

I roll through stones
into the uncaring ear

of the universe

Le place fiara

Le place fiara-n alergare
sclavul căzând
membre rupte, viscere
erupţia sângelui
ţipătul

Dar fiara cu gâtul pe gâtul fiarei calină?
Dar fiara lingându-şi puii?
Dar fiara la picioarele mele somnolând
(soare fluid în sângele nostru geamăn
curgând)
fiara-n visare?

Le place fiara

They Like the Beast

They like the beast running
the slave falling
broken limbs, viscera
the eruption of blood
the shriek

What about the beast's neck on the caressing
                                    beast's neck?
What about the beast licking its offspring?
What about the beast at my feet sleepy-ing
(fluid sun in our twin blood
flowing)
the beast dreaming?

They like the beast

Ei trec făloşi

Ei trec făloşi prin lumină –

Unii le admiră bolboroseala
cu pretenţii sibilinice –
erzaţul de filozofie
dezmăţul cuvintelor
explozia nervilor
aiureala
poliloghia-n oglindă

Alţii văd hainele împăratului
aclamă frenetic
şi

Alaiul – încet – se – perindă
(copii legaţi la gură, cu degete
retezate,
închişi în întuneric suspină)

Ei – trec – făloşi – prin – lumină

They Pass Conceitedly

They pass conceitedly in the light –

Some admire
their babble with sibylline pretensions –
the ersatz philosophy
the word orgies
the nerve explosion
the raving
the palaver in the mirror

Others see the king's clothes
acclaim frantically
and

The – retinue – slowly – passes
(children with mouths fastened, fingers
cut,
closed in the dark sigh)

They – pass – conceitedly – in – the – light

La Porţile Cuvântului

La Porţile Cuvântului
la tronul preasfântului
am venit să mă-nchin şi eu
mânată din urmă de zeu

M-am spălat din cap în călcâie
cu zeamă de cuvinte-amăruie

În loc de veşminte
cuvinte
cuvinte

M-am împodobit febril
bucuros ca un copil

Să am curaj m-am îmbătat
cu cuvinte de căpătat

Fac acum plecăciuni şi zâmbesc
la Scaunul împărătesc
cu limba tăiată zvâcnind nebun

(Hohotul de plâns îl sugrum)

At the Gates of the Word

At the Gates of the Word
at the throne of the Lord
I have also come on bended knee
led from behind by the deity

I have washed myself from head to toes
with juice of word-sloes

Instead of garments
words
words

I have adorned myself hecticly
full of joy, childishly

To dare I got drunk
with alms-words, a chunk,

I am now bowing and smiling
before the Throne of the King
cut and panting, my tongue insane

(From the screaming cry I abstain)

Căci mi-era dat

Căci mi-era dat
să nu mă mai împotrivesc

De-acuma vină
lumină din lumină
efluviile

cuvinte
cuvinte
cuvinte

Am început să fiu
nesăţioasa ta iubită

Since I Was Bound

Since I was bound
to stop resisting

Now may it come
light from light
effluvia –

words
words
words

I have started to be
your unquenchable lover

De la un timp

De la un timp
se retrage durerea
satisfăcută şi îngăduitoare
ca leul biruitor

Universul respiră rar, măsurat
(fiara se odihneşte)
şi nimic nu mă doare

Doar iarba melancoliei arde în suflet
ca un alcool

There Is a Time

There is a time
when pain fades away
content and amiable
like the triumphant lion

The universe breathes rarely, at pace,
(the beast rests)
and nothing hurts me

Only the grass of nostalgia burns inside the soul
like alcohol

Nu sunt ţărâna

Nu sunt ţărâna Rătăcitorului
aş vrea să spun –

Dar se cutremură de spaimă rece
gândul nebun

Nu sunt ţărâna Rătăcitorului
şi n-am să fiu –

Dar printre zodii un freamăt trece –
e prea târziu

Nu sunt ţărâna oricui mă minte –
strig în zadar –
Cineva râde-aruncându-mi-nainte

Unicul zar

I Am Not the Dust

I am not the dust of the Wanderer
I would like to say –

But trembles with cold shivers
the thought insane

I am not the dust of the Wanderer
nor am I going to be –

But among star signs a ripple passes –
too late it has to be

I am not the dust of whoever lies to me –
I am crying in vain –
Somebody is laughing casting before me

the one die

Ce fiară

Ce fiară
ce înfățișare neroadă –
și femeie și bărbat
Inima-n două piepturi aprinsă
sufletul amestecat

În văzduhul miresmelor ridicând
îngemănate frunți două
dar între ele lucind tremurat
câmpuri întregi de rouă –
Ochii născuți cald uimirilor
nu se văd niciodată
Numai în vis uneori se deschid
într-o lumină ciudată
Și-atunci se privesc
se privesc nesfârșit
fantastice tainice lacuri
cu apele-unite-n adânc în străfund
de la-nceput de veacuri

Ce fiară
ce înfățișare neroadă –
nici femeie nici bărbat
Cum râde, cum plânge
cum se-nfioară
cutremurat

What a Beast

What a beast
what a foolish figure –
both woman and man –
The two-body-dweller heart lit
the soul in one

In the sky of the scents lifting
twinned foreheads, two
but between them flickering
entire fields of dew –
The eyes warmly born to wonders
never see each other
They sometimes open only in dreaming
in a strange light
And they look at each other
incessantly they look at each other
fantastic mysterious lakes
their waters bound deep, in the depths
from the beginning of time

What a beast
what a foolish figure –
neither a woman nor a man –
How it laughs, how it cries
how it shivers
trembling

Genune

Sufletul ți-1 căutam în cuvinte
caldă genune
parfum genuin

Rămâi, o rămâi
și a pururea doară-mă
clipa cea repede
darul divin

O, veșniciei acestei coboară-mă

Sufletul ți-1 căutam în cuvinte

Abyss

Your soul I'd been searching in words
the warm abyss
genuine perfume

Dwell, oh dwell
and may forever hurt me
the quick instant
the divine gift

Oh, descend me to this eternity

Your soul I'd been searching in words

E noapte

E noapte
în cer şi pe pământ – tăcerea
împrăştiind otrăvitoare, lente
efluvii

Mă gândesc la tine –

Cum tac
aş putea să tac atât de adânc
încât să devin şi eu tăcere
curgătoare tăcere

Ochii mei ştiu tăcea
mâinile mele
gura mea

De n-ar fi inima
bătând
chemând ca un clopot halucinat

Unică realitate
ce mă suspendă
în ochiul îngheţat

al veşniciei

It Is Night

It is night
in the sky and on the earth – silence
spreading poisonous, slow
effluence

I am thinking of you –

How I keep silent
I could keep silent so deep
that I would also become silence
the flowing silence

My eyes know how to be silent
my hands
my mouth

If only my heart were not
beating
calling like a raving bell

unique reality
suspending me
on the frozen eye

of eternity

Întâi vine

Întâi vine lacrima
şi mă spală

Apoi vine ţipătul
şi mă sfinţeşte

Dar mai apoi vine coşmarul
vine coşmarul

Şi cum mă umileşte
Doamne

Cum mă umileşte

First Comes

First comes the tear
and washes me

Then comes the shriek
and blesses me

But afterwards the nightmare comes
there comes the nightmare

how it humiliates me
God

How it humiliates me

Crist

Doamne
podoabele acestea
pe care mi le puneți
ce grele

Voi înșivă
de-aș mai veni
odată
nu m-ați mai recunoaște sub ele

Visele voastre
nesăbuitele
m-au prefăcut în icoană
ferecată în pietre scumpe

Cine să știe
cine să mai știe
să-mi asculte inima
goală

Christ

Oh, Lord
these adornments
you put on me
how heavy

You yourselves
if I came
once again
would not recognise me under them

Your senseless
dreams
made me an icon
sheathed with precious stones

Who knows
who still knows
to listen to my heart
empty

Au clair de la lune

Au clair de la lune linişte se face-n
casele ce-adorm învelite-n pace
în ochii ce se-nchid tăinuind lumină
în inime păşind pe o zare lină

Umbre stranii-aprind focuri mari de taină
suflete perechi în ele se scaldă

Ramuri ce se frâng?
Noaptea e senină

Orologii plâng?
Gândul se închină

Au clair de la lune cine se petrece?
Mon ami Pierrot
gura mea e rece

Au clair de la lune

Au clair de la lune silence is growing
in the sleeping houses peace is falling
in the dimming eyes sheltering light
in the hearts stepping to the line of sight

Bizarre shadows light mysterious fires
soul mates swim in them, waters of desire

Boughs breaking?
Serene is the night

Clocks wailing?
Humble is the mind

Au clair de la lune who passes away?
Mon ami Pierrot
cold is my mouth, made of clay

Sufletul meu

Sufletul meu ca fiara
singur în pustie ca fiara
sufletul meu ca fiara
umflându-şi nara

My Soul

My soul like a beast
alone in the desert like a beast
my soul like a beast
swelling its nostril

Ce răbdătoare

Ce răbdătoare Pustia
ca un păianjen lichid înaintând
cu siguranţa Biruitorului

Cum şi-a ţesut scârboasa geometrie
şi prizonieră m-a făcut acestui unghi
de întuneric

Mă clatin când se mişcă greoaie
mă mai zbat uneori
ostenit

Ce răbdătoare Pustia
şi cum mă dispreţuieşte

după ce m-a osândit

How Patient

How patient the Desert
like a liquid spider flowing
confident like a Conqueror

How it wove its detestable geometry
and imprisoned me to this angle
of darkness

I stagger when it moves heavily
sometimes I even struggle
exhausted

How patient the Desert
and how it despises me

after it doomed me

Pom împărat

Pom cu ramuri cutremurate
seve prelungi, lungi fiori
Flori înflorind de mine departe
mireasma ajungându-mi pe nori

Pom împărat – rădăcini sângerate
într-un decor sclipitor
(războaie secrete, pierdute armade
surâsul de-nvingător)

Pomule-n mijlocul lumii arzând
iubitule pe pământ
şi-n toate cerurile
şi-n sfintele ape

Eu
Ţie
cine îţi sunt?

The Tree King

Tree with shaken boughs
long sap, long quivers
Flowers blooming afar
their scent reaching me
through the clouds ajar

The tree king – roots full of blood
onto a shiny setting
(secret wars, lost armada
a conqueror smiling)

Tree in the middle of the world ablaze
lover on earth
and in the skies' maze
and in the sacred waters

I
To you
who am I to you?

Ochii

Cum stau trează în vis
porţile-n jur s-au închis

Iubitule
frate-al meu – strig
îmi e frig
    îmi e frig
        îmi e frig
Ochilor ei nu mă da

Te bucură, sora mea

Dar cine e Ea – vreau să ştiu
N-are nume,-mi răspunzi

Şi-i târziu
iar ochii mă caută întruna
se face mai palidă luna

Dragul meu eşti aici? mai şoptesc
şi fără viaţă zâmbesc
căci mă ţinteşte avid

Fără-Numea cu ochii de vid

The Eyes

As I lie awake dreaming
the gates around closing

Darling
brother of mine – I groan
I feel cold
        I feel cold
                I feel cold
Do not make me the prey of her eyes

Rejoice, sister of mine

Who may She be – I want to know
She has no name – you echo

And it's late
the eyes searching for me for ever and ever
the moon growing paler and paler

My darling are you here? I sigh
a dead smile I smile
as I am being eyed

By the Unnamed She with empty eyes

Dans

Dans
dans pe gresie
dans pe întuneric
dans pe vid

Un pătrat
un triunghi
echilibru-mi decid

Mai sus suflete
mai sus
Unde nici om, nici fiară

De-am învăţa
de-am învăţa
să nu ne mai doară

Dans
dans aieve
dans nălucit
dans pe jar

Dans pe viaţă – dans pe moarte
dans pe altar

Dance

Dance
dance on tile
dance in the dark
dance on the void

A square
a triangle
my balance mark

Upper my soul
upper
Where nor human, nor beast

If only we learned
if only we learned
not to feel the grief

Dance
dance real
dance deluded
dance on glowing coal

Dance on life – dance on death
dance on the altar

O lacrimă

O
lacrimă
o naiadă
trup năuc
arzător
violent

Dar – ochiul de piatră
şi gura de piatră
şi nara de piatră
şi fruntea de piatră

Dar – ochiul de piatră
şi gura de piatră
şi nara de piatră
şi fruntea de piatră

Ce lume
artistic coşmar

A Tear

A
tear
a naiad
lunatic body
    burning
    violent

But – the stone eye
and the stone mouth
and the stone nostril
and the stone brow

But – the stone eye
and the stone mouth
and the stone nostril
and the stone brow

What a world
artistic nightmare

Până la ceruri

Până la ceruri şi mai departe
trebuia gândit
trebuia spus

Un vânt cu lacrămi
mi-nchină faţa spre răsărit
spre apus

De ce se-ntoarce şi îmi surâde
zeul cu şerpi şi flori

Nu mai sunt eu
nu mai e nimeni tristelor lui erori

Din floare albină
din albină ceară
din ceară lumină –
şi m-am stins

Cine nu crede
mă caute zadarnic prin

necuprins

Up to the Skies

Up to the skies and beyond
it should have been thought
it should have been uttered

Some wind with tears
bends my face to the east
to the west

Why does the god with snakes and flowers
turn to me and smiles

I am not I any longer
no one subject to its sad errors

Bee from the flower
wax from the bee
light from the wax –
and so I ebbed away

He who does not believe it
shall search for me in vain through

the infinity

Ci tu erai Fiara

Ci tu erai Fiara
când eu eram îndoiala

Și ploua cu Sodoma și Gomora
peste pruncul amândurora

Yet You Were the Beast

Yet you were the Beast
while I was the doubt

T'was raining Sodom and Gomorrah's
over our offspring, ours

Un coridor

Un coridor prin aer tremurător
în care-adorm
în care te trezești
(oh, clipele curgând nebune
în albia aceleiași povești)

Apropierea noastră fremătândă
(Aicea eu și tu Acolo viețuind)

Și răsuflarea – adulmecând flămândă

Un fraged nimb în juru-ne-aburind

A Corridor

A corridor through the rippling air
where I fall asleep
where you wake up
(oh, the moments flowing as insane
in the riverbed of the same tale)

Our murmuring proximity
(Here I and There you living)

And the breath – sniffing hungrily

A tender halo around us misting

Oh, ziceam

Oh, ziceam
în van te vaieţi
Nu s-aprinse de văpaie-ţi
şi nu arse
şi nu plânse
şi de doru-ţi nu se stânse

Nimeni
Nimeni

Visul tău cu patrafir
în de el şi fir cu fir

Farmă-l
Darmă-l

Oh, I Was Saying

Oh, I was saying
in vain are you weeping
Nobody lighting from your blaze
nobody burning
nobody crying
nobody for you longing

Nobody
Nobody

Your dream in stole
within it purl by purl

Smash it
Destroy it

Treceam

Treceam prin ţări de beznă
şi plângeam
O, vai mie – ziceam
O, vai mie

Apoi
deodată
această nemaisperată minune –

Nenumărate
delicate ferestre deschise spre
templul ierbii

Şi verdele
paznic de mătase al îndrăgostiţilor

Luminându-mă

I Was Wandering

I was wandering through lands of darkness
and I was weeping
Oh, alas to myself – I said
Oh, alas to myself

Then
suddenly
this unhoped-for wonder –

Countless
delicate windows open to
the temple of grass

And the green
the silky guard of lovers

lighting me

O, vei muri

O, vei muri şi tu – îmi spun
arătându-mi pe rând chipuri strâmbe
oglinzi sparte
fluturând albe linţolii

Şi apoi?
Şi apoi? doresc Urmarea
copilăroasele mele speranţe
înconjurându-mă cu ochi surâzători
murmurând nerăbdătoare

zănatecele
desculţele

rătăcitele prin pietre şi flori

Oh, You Will Die

Oh, you will die, too – I say to myself
showing in turns crooked faces
broken mirrors
waving white shrouds

And then?
And then? my childish hopes
long for the Sequel
surrounding me with smiling eyes
murmuring impatiently

lunatic hopes
barefooted hopes

wandering among stones and flowers

Alaiul culorilor

Alaiul culorilor se mută încet pe cadran
şi aromate fructe mă umilesc din nou
vorbindu-mi de taine
ce în pace s-au săvârşit

Preafericitelor – şoptesc
la margine de-abis

Preafericitelor – şoptesc
orbind
stingându-mă
şi risipindu-mă
în aerul în care arzi

Dumnezeiesc

The Suite of Colours

The suite of colours slowly moves on the dial
and flavoured fruits humiliate me again
speaking of secrets
which have peacefully passed away

You blissful – I whisper
on the edge of the abyss

You blissful – I whisper
blinding
fading
and melting me away
in the air you are burning

Godly

Noul Vavilon

Noul Vavilon
peste vechiul Vavilon
            (Acolo şezum şi plânsem)

O mare de ceață
peste o mare de fum
            (Azima-n lacrime o frânsem)

Cuvinte născând strǎvezii
aurii
pe stinsul – nestinsul jeratic

Şi chipul tău grav
ştiut – neştiut
urcând din ele
lunatec

The New Babylon

The new Babylon
over the old Babylon

(There we sat down and wept)

A sea of fog
over a sea of smoke

(The wafer in tears we cracked)

Words giving birth bright
gold-like
on the unlit – lit embers

And your solemn face
known – unknown
rising from them
lunatic

Sunt singură

Sunt singură în poala veşniciei

Încet
şovăitor
chinuitor
duhul florilor de tei
mi-atinge pletele
mă risipeşte

O, aş putea să mor
(mă rog de îndurare)

Dar nu există milă şi
strălucitoare
cânt singură în poala veşniciei

I Am Alone

I am alone in the lap of eternity

Gently
hesitant
tormenting
the spirit of the linden flowers
touches my hair locks
blows me apart

Oh, I could die
(I beg for mercy)

But there is no mercy and
radiant
I sing alone in the lap of eternity

Prea târziu

Faruri de ceaţă-n noaptea ce-ntârzie
Miresme-nfiorate-alunecând
venind din larma lumii ce îmbie
dar veşnic se retrage
surâzând

Câtă singurătate luna a măcinat în
pletele-mi
să fie-o ispăşire?

Cărunt ca vremea
iată-mă legat
de-această trează, pânditoare
nesfârşire

Aspre Sibile viaţa îmi măsoară
regatului tristeţii mă cobor

E prea târziu să mor

Şi prea devreme
să vreau să mă ridic biruitor

Too Late

Fog buoys in the night coming late
thrilled flavours gliding
coming from the noise of the luring world
but always withdrawing
with a smile

How much loneliness has the moon ground in
my hair locks
may it be redemption?

Grizzle like the times
here I am bound
to this wakeful, watching
endlessness

Unrelenting Sibyllas time my life
and slide me to the realm with sadness rife

It is much too late to die

and much too early
to wish to rise victoriously and lonely

Ascuns în poruncile

Ascuns în poruncile tale
din veac în veac te arăţi

Ci gura ne umple nisipul
amarelor singurătăţi

Ci gura ne umple şi plânsul

pâlpâie zarea sărată
pâlpâie cugetul
stânsul

Acum
Niciodată
Acum
Niciodată

Hidden Within Commandments

Hidden within your commandments
from century to century you show yourself

Yet the mouth fills with the sand
of the bitter loneliness

Yet the mouth also bursts with crying

the salty horizon flickers
the thought flickers
pale

Now
Never
Now
Never

Greață mi-i

Greață mi-i de cel ce moare neștiut și
singur

plâns
de a stelelor lucoare
la apus

Greață mi-i de-a lui trădare neștiută
rece
rea
ca a morții grea sudoare
pe o stea

Greață mi-i și mă-nfioară
deznădejdea mai presus

Greață mi-i

De-aceea oare încă
încă n-am apus?

Nausea I Feel

Nausea I feel about one dying unknown and
alone

lamented
by the gleam of the stars
at dusk

Nausea I feel of his unknown betrayal
cold
wicked
like the deathly heavy sweat
on a star

Nausea I feel and
disillusion above all thrills me

Nausea I feel

Is this why
I have not sun-set yet?

Niciodată

Niciodată în întuneric
Niciodată în întuneric

Sfâşiată mă smulg fierăstraielor nopţii
şi la picioarele zilei
mă nărui

Never

Never in the dark
Never in the dark

Ripped I tear myself from the saws of the night
and at the foot of the day
I fall

Autoportret

Priviţi-ne braţul întins
rugător ca o ramură a unui trunchi – tors
răsucit spre un soare întrezărit
când şi când

Protuberanţele vagi ale mugurilor
vorbesc de o primăvară-n extaz

Până atunci
lin
intrăm în decorul

Nemărginirii

Self-Portrait

Watch our outstretched arm
begging like a branch of a trunk – torso
turned to a sun glimpsed
now and then

The vague swelling of buds
speaks of an ecstatic spring

Until then
gently
we enter the scenery of

Endlessness

Viaţa mea, lacrima

Se prelingea încet viaţa mea
lacrima
pe geamul rece
străveziu

O contemplam atent, tot mai atent
(Taci – nu striga, îl avertizam pe copilul
ai cărui ochi îi vedeam deschizându-se
uimiţi
din ce în ce mai uimiţi –
şi se făceau prăpăstii de mirare
şi se făceau genuni de spaimă
în timp ce gura i se încleşta
în timp ce amuţea)

My Life, the Tear

My life was trickling
the tear
on the cold
translucent window

I was contemplating it carefully, more carefully,
(Silence – don't scream, I warned the child
whose eyes I saw open
in awe
in a bigger and bigger awe –
and they turned into precipices of awe
and then into abysses of fear
while his mouth clenched
while he became dumb)

Colţi de lup

Colţi de lup sticlind
pe zăpadă
pe asfalt

Ciobul lunii
mestecat
cu soarele în pat

Duh de rătăcire
Inimă flămândă

Dragoste barbară mă osândă

Wolf Fangs

Wolf fangs glistening
on snow
on the asphalt

The moon chip
mingled
with the sun in bed

Wandering spirit
hungry heart

Barbarous love dooms me

Tangaj

Senzual tangaj
polen de stele

Tandră respirare-alunecând

Și teroarea blândă a exigențelor
supreme

într-un alb sărut
demonizând

Surge

Sensual surge
star pollen

Tender breath gliding

And the mild terror
of supreme exigencies

into a white kiss
demonising

Cheile

Creangă luminată surâzând euforic
(ori poate flaut descântat
flaut evadat din imperiul orei)

Țipăt pulverizat
captat în arterele ca un fluviu
în respirația ca un fluviu de
pace curgând

Te sărut (arunc cheile)

Trup surâzând
Te sărut

1978

The Keys

Lighted bough euphorically smiling
(or maybe a charmed flute
a flute vanished from the empire of time)

A scream crumbling
caught in the stream-like arteries
within the breath like a stream of
peace flowing

I am kissing you (I am throwing the keys)

Body smiling
I am kissing you

1978

De unde

De unde te cunoaşte trupul meu ?
E un străin – îi strig

Dar el ca fiara
se-ntoarce leneş
şi umflându-şi nara
mă sfâşie

Mă sfâşie

Where From

Where does my body know you from?
It is a stranger – I shout to it

But it like a beast
turns around lazily
and swelling its nostril
rips me

Rips me

Mă-ntemeiez

Mă-ntemeiez în tine cu durere –
E frângere
topire

e dezbin

Uimire
înălţare şi declin

Înstrăinare
dezînstrăinare

Şi lumea curge pe deasupra mea
nepăsătoare
când hohotind sub tragica-i splendoare
ridic spre cer chip blând

de fiară – crin

I Form Myself

I painfully form myself within you –
It is breaking
melting

it is disunion

Surprise
rising and decline

Alienation
unalienation

And the world flows above me
indifferently
when roaring under its tragic splendour
I raise, towards the sky, the meek face

of a lily-beast

Zodie

Ci iată – ştiam
Era Zodia Lupilor

Zodia fraţilor Lupi

Lupii cuvintelor
alungându-şi prada
sfâşiind zăpada
de-o foame sacră răpuşi

Vai vouă – ziceam
Vai vouă – plângeam
dar noaptea urlau nesupuşi

Şi-un clopot smintit tot sună şi
sună
mă cheamă sub lună

în haita celor seduşi

(Revista "Luceafărul", 13 mai 1989)

Star Sign

Look – I knew
There was the Star Sign of the Wolves

The star sign of the Wolf brothers

The Wolves of the words
chasing their prey away
rifting the snow
defeated by a sacred hunger

Poor you – I was saying
Poor you – I was crying
yet at night they would howl wildly

And a moon-struck bell tolls
incessantly
calling me under the moon

in the pack of the mesmerised

(Luceafărul Magazine, 1989, May 13)

Asmuţite cuvinte

Asmuţite cuvinte
izbindu-se de mine
sfâşiindu-mă –

Limbi de lup
colţi de lup
urlet de lup îngropat în trup pieritor

Pentru o nouă naştere –
pentru o stea zâmbind

necruţător

Set-on Words

Set-on words
lashing me
ripping me –

Wolf tongues
wolf fangs
wolf howl buried in a perishing body

For a new birth –
for a star smiling

relentlessly

Deci sacrificiul

Deci
sacrificiul s-a hotărât

Victima e liberă să plece
liberă să respire
să râdă sau să plângă
în aerul subţire şi saturat de zei –

Călăul însuşi plânge
zidindu-o de vie
în moartea ce-o sfâşie
cu dulce flori de tei

Victima se sfieşte
cu Crist (a câta oară) a fi asemuit

Călăul îi surâde şi o încurajează
cântând dumnezeieşte

de nu va fi murit

Thus the Sacrifice

Thus
the sacrifice has decided

The victim is free to go
free to breathe
free to laugh or to cry
in the thin air replete with gods –

The torturer itself cries
while building her alive
in the death that rives her
with sweet linden flowers

The victim grows shy
when (once again) is likened to Christ

The torturer smiles kindly and encourages her
singing godly

if not yet dead

Bogatule

Bogatule
cum ştii tu să mă saturi

Bogatule
cum mă priveşti cu milă

La curtea ta m-ai pus în capul mesei
de lăcomia mea nu-ţi este silă

Dar foamea mea renaşte ca o fiară
(pe rând cum mă supui
şi mi te-nchini)
Mi-ai pus pe tâmple-mpărătească tiară

Ci sânger sub cununa grea de spini

You Wealthy Man

You wealthy man
how well you know to satiate me

You wealthy man
how compassionately you watch me

In your mansion house you have me seated
at the head of the table
to feel repugnance to my greed
you are unable

But my beastlike hunger revives
(in turns you subdue me
and kneel to me)
You have put a tiara on my brows

Yet I keep bleeding
under the heavy wreath of thorns

Panta rhei

Panta rhei – spune Poetul
(căci numai Poet putea să fie
cel ce simţise deodată cum lunecă în
valurile fluidificatei
materii,
cum zboară)

Panta rhei – repet bucuros
seara, când obosită oglinda se abureşte
când pereţii odăii măcinându-se impasibil
mă învăluie în pulberea lor nevăzută
iar eu mă simt plecând
curgând
spre fluviul în care un chip
se aprinde
se stinge

amăgitor

Panta Rhei

Panta rhei – says the Poet
(since only a Poet could be
the one who suddenly felt a glide into
the waves of the fluidal
matter,
a flight)

Panta rhei – I gladly repeat
in the evening, when tired the mirror mists over
when the walls of the room crushing impassibly
shroud me in their indiscernible powder
and I feel leaving
flowing
to the river where a face
lights on
fades away

deceitfully

M-ai dat

M-ai dat amăgirilor iernii acestei barbare
Fulgi inocenţi nu mai sunt pe pământ

Numai odaia mea
fulg uriaş
mă mai poartă arare
într-un vechi anotimp
ca-ntr-un vechi legământ –

O iarbă suavă
edenic triumf
mă mai bântuie lin

Întoarsă uimirilor
iernii mă smulg c-un suspin

You Have Cast Me

You have cast me to the deceit of this barbarous
                                    winter
There are no more innocent snowflakes on the
                                    earth

Only my own room
a huge snowflake
takes me from time to time
to an ancient season
as in an ancient vow –

Delicate grass
edenic triumph
still haunts me softly

Turned to wonders
I tear myself from winter with a sigh

Harul

Ca o pădure halucinată, de monştri
Neexprimatul –

Şi brusc
harul asupră-le
adăpându-i cu laptele graiului

transfigurându-i

The Grace

Like a hallucinated forest, of monsters –
the Inexpressible

And suddenly
the Grace above them
feeding them with the milk of speech

transfiguring them

Orb

Orb
alergând
alergând
alergând

Sfâşiind valuri de întuneric
tipărind văzduhul
cu cioturile
însângerate
ale sufletului

Blind

Blind
running
running
running

Tearing waves of darkness
printing the sky
with the bleeding
stubs
of the soul

Cu stele

Cu stele-nfipte-n tâmplă
mângâiată de-o lumină rece
dansam pierzându-mi viaţa
uitând ce se petrece
În faţa albului cristal
în care, ca-ntr-o crisalidă
se odihnea
regina
din marea piramidă
Cu stele-nfipte-n tâmplă
mângâiată de-o lumină rece
pierzându-şi viaţa
uitând ce se petrece

With Stars

With stars pinned on my temple
embraced by a cold light
I was dancing losing my life
forgetting what was happening
In front of the white crystal
where, like in a chrysalis
the queen
of the great pyramid
was resting
With stars pinned on her temple
embraced by a cold light
losing her life
forgetting what was happening

Naştere

S-adapă harul meu
domol şi blând
ca bivolii, din apă

şi mâlul naşte nuferi de lumină

Vorace e priveliştea divină
ce m-abătu
şi sfâşiindu-mi straiele de taină
murindu-mă vieţii

mă nåscu

Birth

My grace is drinking
slowly and mildly
like bison, from the water

and the mud is giving birth to water lilies of light

Voracious is the divine scenery
that turned me away
and tearing my garments of clay
dying me out of life

it gave birth to me

Viaţa vieţii

Viaţa vieţii –
gustul cuvintelor tale

Când Totul e Aici şi Acum

Când Totul e lângă mine
trece prin mine

Cântarea Cântărilor
fum

The Life of Life

The life of life –
the taste of your words

When Everything is Here and Now

When Everything lies beside me
goes through me

We were
the Song of Songs –
smoke

Cât de aproape

Cât de aproape de armonie-i totul
spumă sau rod
Doar firul destinului meu
putere nu am să-l deznod

Bobul de grâu creşte iarăşi în sine
Chipul Celui Ce Sunt

Fă semnul, Doamne
vesteşte acum

trecerea mea pe Pământ

How Close

How close to harmony everything is
foam or fruit
But the thread of my fate
no power I find to unknot

The wheat grain within reshapes
The image of The One Who I Am

Send me the sign, Lord
voice now

my passing on Earth

Nu ne vedem

Nu ne vedem
noaptea-i adâncă
dar asemeni delfinilor visului
poemul acesta respiră

Buzele tale îi vor culege suflarea
încet, încet
şi eu voi simţi
şi o să ştiu nesfârşit
că pot să încep iar

a muri

We Do Not See Each Other

We do not see each other
deep is the night
but like the dream's dolphins
this poem breathes

Your lips will sip its breath
slowly, slowly
and I will feel
and I will endlessly know
that I can start again

to die

Vom sta alături

Vom sta alături noaptea cum sposeşte
Şi-n fagurele gurii aurit
lumina-ncet dumnezeiesc va creste

Ne vom privi
ne vom zâmbi uimit

Şi lacrima va lumina departe
apropiindu-ne izbăvitor
Ne va părea că nu ne mai desparte
decât un limpede perete şi uşor

Arzând înmiresmat în noaptea clară
simţi-vom blânde uşi cum se desfac
umplându-ne de dulce bucurie şi amară

cum s-ar deschide-n beznă flori de mac

Side by Side Shall We Stay

Side by side shall we stay in the night's growth
and in the golden honeycomb of the mouth
step by step the light will divinely sprout

We shall look at each other
we shall smile in wonder

And the tear will light remotely
approaching us redeemingly
It seems to us that nothing separates us at all
but a translucent and light wall

Burning fragrances in the serene night
we shall feel soft doors open
filling us with sweet and bitter delight

as if poppy flowers blossom at twilight

Ci numai

Ci numai
trupurile
se leagănă
dureroase
într-un ocean
de trupuri

But Only

But only
the bodies
swing
painfully
in an ocean
of bodies

Implacabil fruct

Implacabil fruct

E toamnă
și simțim adânc, în somn
rotunjirea lui
de soare
ochiul lui deschis

enorm

E atâta îndurare
cum plutim încet

sorbiți

Alinare
adâncare

în cuvinte azvârliți

Implacable Fruit

Implacable fruit

It is autumn
and we feel deep, in our slumber
its roundness
of a sun
its open eye

enormous

There is so much pity
how we float slowly

sipped

Soothing us
deepening us

driving us into words

Bogată sunt

Bogată sunt

A visurilor turmă
nu se mai curmă
Doamne
cum nu se mai curmă

Şi dăruită sunt cu aşteptare

O, Doamne
mulţumescu-ţi de atâta îndurare

Ci între noi stă neclintita limbă
ce viaţa-n moarte
moartea-n viaţă
o preschimbă?

Rich I Am

Rich I am

The dreams' flock
would never stop
Oh, Lord
how it would never stop

And gifted I am with expectancy

Oh, Lord
Thee I thank for so much mercy

Yet between us lies the still pointer
which life into death
death into life
changes?

Eram

Era o procesiune de zimbri
Era o procesiune de fluturi
Era o procesiune de nori

Pe care-i priveam
contemplam
învăluindu-se
destrămându-se

În hlamida de raze
surâzători

eram o procesiune de flori

We Were

There was a procession of bison
There was a procession of butterflies
There was a procession of clouds

Which I was watching
contemplating
encircling
scattering

In the cloak of rays
joyful

we were a procession of flowers

Poate vă e dor

Poate vă e dor de o floare umilă
(Cineva a văzut-o?
Cineva a zărit-o?
Nu-i doar un mit?)

Poate acum e departe
Poate
până la voi nicicând n-a călătorit

Rugaţi-vă

De voi înşivă rugaţi-vă
ca ea să răsară
Poate ei înseşi îi este dor de voi

nesfârşit

You May Miss

You may miss a humble flower
(Has anyone seen it?
Has anyone glimpsed it?
Is it not only a myth?)

It may be away now
Maybe
to you it has never travelled before

Pray

To you yourselves pray
so that it spring
It itself may miss you

endlessly

Punct de fugă

Clinchetitoare măşti
veşmânt hilar

Bufniţe albe
soi de carnaval

Ci pretutindeni
străveziul clar –

sămânţa punctului de fugă
arzând final

Running Point

Jingling masks
hilarious attire

White owls
carnival-like

Yet everywhere
the limpid lucency –

seed of the running point
burning ultimately

Ceea ce ştie

Ceea ce ştie sângele meu
va îngheţa
şi se va da pământului

Ceea ce simte
presimte
fiară flămândă – duhul meu

trece-va se petrece mereu
respirare cu respirare
în aburul sfânt al

Cuvântului

What It Knows

What my blood knows
will freeze
and will give itself to the ground

What the hungry beast – my spirit
feels
deeply feels

shall pass, will always repass
breath by breath
into the sacred vapour of the

Word

N.

Se rupea în silabe
şi se da de mâncare
gurilor lumii flămânde

Mai grea şi mai grea pulsa
ca o stea
foamea ce-n sine-şi ascunde

Resemnat împărat
peste lumea-n declin

numele leneş şi-azvârle

N.

It split into syllables
and offered itself as food
to the world mouths starving

Heavier and heavier pulsating
like a star
the hunger it within conceals

Resigned emperor
over the decaying world

sluggishly its name dashes

Vom sătura

Vom sătura vreodată
această foame siderală
săpând goluri
surpând goluri

strigând din măruntaiele universului
din catedrala crinului
şi din cavoul scoicii

din sfânta
orgolioasa gură a iubitului
meu?

Această foame
şi această sete
căreia îi aruncăm febril surâsul nostru
speranţele
umilele şi glorioasele noastre victorii

Şi pe noi înşine
în supremul salt

al poemului

Will We Ever Satiate

Will we ever satiate
this sidereal hunger
digging voids
caving voids

calling from the bowels of the universe
from the cathedral of the lily
and from the tomb of the seashell

from the sacred
vain mouth of my
lover?

This hunger
and this thirst
to which we restlessly cast our smile
our hopes
our humble and glorious victories

and we ourselves
into the supreme leap

of poetry

Surâsul

Nesăbuit mi te căutam şi-n somn

Erai departe – îmi erai aproape
(alunecam în irisul enorm al nopţilor
migrând sub pleoape)

E moartea viaţă – încep să înţeleg

Mâna mea dreaptă se închide-n carte
şi-s toată aici
surâsul mi-e întreg

De moartea mea nimic nu mă desparte

Smile

Reckless I was searching for you in my sleep

You were far away – you were close to me
(I was sliding into the giant iris of the nights
migrating under eyelids)

Death is life – I have started to understand

My right hand closes into the book
and I'm entire here
my smile is entire

From my death nothing will ever part me

Încet creşte lumina

Încet creste lumina
încet creşte legenda
           Stea – cu – colţuri – s-a arătat

Acum e naşterea
Acum e vestirea
           Steaua – pe – ceruri – s-a – mişcat

Ci iarăşi
dezesperantă
ca o nălucă alunecând pe linia
orizontului

o zi de nisip
o zi de nisip
o zi de nisip

Dar – încet – creşte – lumina

Slowly Grows the Light

Slowly grows the light
slowly grows the legend
                    A – cornered – star – has – unveiled

Now the birth is
Now the annunciation is
                    The star – in – the skies – has – moved

But again
hopelessly
like a phantom gliding on the line
of the horizon

a sandy day
a sandy day
a sandy day

Yet – slowly – grows – the light

Sarea

Ci eu coboram sfâşiată de lumina lunii
Ci eu mă târam în cioturi de aripe
Ci eu orbeam
şi muţeam
şi disperam
urcând

ademenită de muzici

cu pulbere în gene
cu surâsul petrificat

Ci eu eram acolo
şi voi ştiaţi
Ci eu eram sarea

pe – masa – ospeţelor – voastre

Salt

Yet I descending ripped by the moonlight
Yet I crawling in stubs of wings
Yet I going blind
and going dumb
and desperate
rising

lured by tunes

with powder on eyelashes
with a petrified smile

Yet I was there
and you knew it
Yet I was the salt

 on – the – table – of – your – feasts

Titlu: Cum mă joc c-un pui de lup
         Pe care pe bot îl pup

Poezie:
– Bună ziua, pui de lup
Unde vrei tu să te duc?

– La altă cetate
ziduri preacurate
fără jale
fără dor
la tron necoborâtor

la vreme uitată
la pace netulburată

– Hai cu mine, pui de lup
într-acolo să te duc

la pace netulburată
la vreme uitată

la tron necoborâtor
ci urcând pe scări de dor
ziduri preacurate

LA – ALTĂ – CETATE

Title: How I Play with a Wolf Cub / That I Dearly Hug

Poem:
"Good day, dear wolf cub, pray
Where should I take you, which way?"

"To another fortress
untouched walls
no mourning
no longing
throne undescending

times not remembered
peace unmarred"

"My dear wolf cub, join me
there I shall take thee

to unmarred peace
times not remembered

throne undescending
yet climbing stairs of longing
untouched walls

TO – ANOTHER – FORTRESS"

http://ro.wikipedia.org/
wiki/Sânziana_Batişte

Printed in Great Britain
by Amazon

75307052R00095